QUESTIONS RÉPONSES

6/8 ans

Châteaux et Chevaliers

écrit par **Deborah Murrell**
traduit par **Stéphane Guyon**

Nathan

Édition originale parue sous le titre
My Best Book of Knights and Castles
© Macmillan Children's Books 2005,
une division de Macmillan Publishers Ltd., Londres
Auteur : Deborah Murrell
Conseiller : Norman Housley
Éditeur : Melissa Fairley
Directeur artistique : Mike Davis
Illustrateurs : Chris Molan et Mark Bergin

Édition française :
© 2006, 2008 NATHAN
© 2012 NATHAN pour la présente édition
Traduction : Stéphane Guyon
Réalisation : Archipel studio
Coordination : Véronique Herbold
avec la collaboration d'Aurélie Abah
N° d'éditeur : 10181111
ISBN : 978-2-09-253752-7
Dépôt légal : février 2012

Conforme à la loi n° 49-956 du 16 juillet 1949
sur les publications destinées à la jeunesse.

Imprimé en Chine

LES QUESTIONS DU LIVRE

Qui était Guillaume le Conquérant ?

En 1066, le roi Édouard d'Angleterre mourut et son neveu Harold lui succéda. Mais le duc Guillaume de Normandie était lui aussi un prétendant à la couronne d'Angleterre. Il traversa la Manche, écrasa Harold à la bataille d'Hastings et devint roi d'Angleterre sous le nom de Guillaume le Conquérant. Il régna jusqu'à sa mort en 1087.

À quoi ressemblaient les premiers châteaux forts ?

Construits en bois, ils étaient composés d'une tour de guet édifiée sur une butte de terrain (une motte castrale) et d'un village fortifié (l'enceinte). À travers les meurtrières de la tour, les soldats pouvaient surveiller les environs tout en restant à l'abri.

4

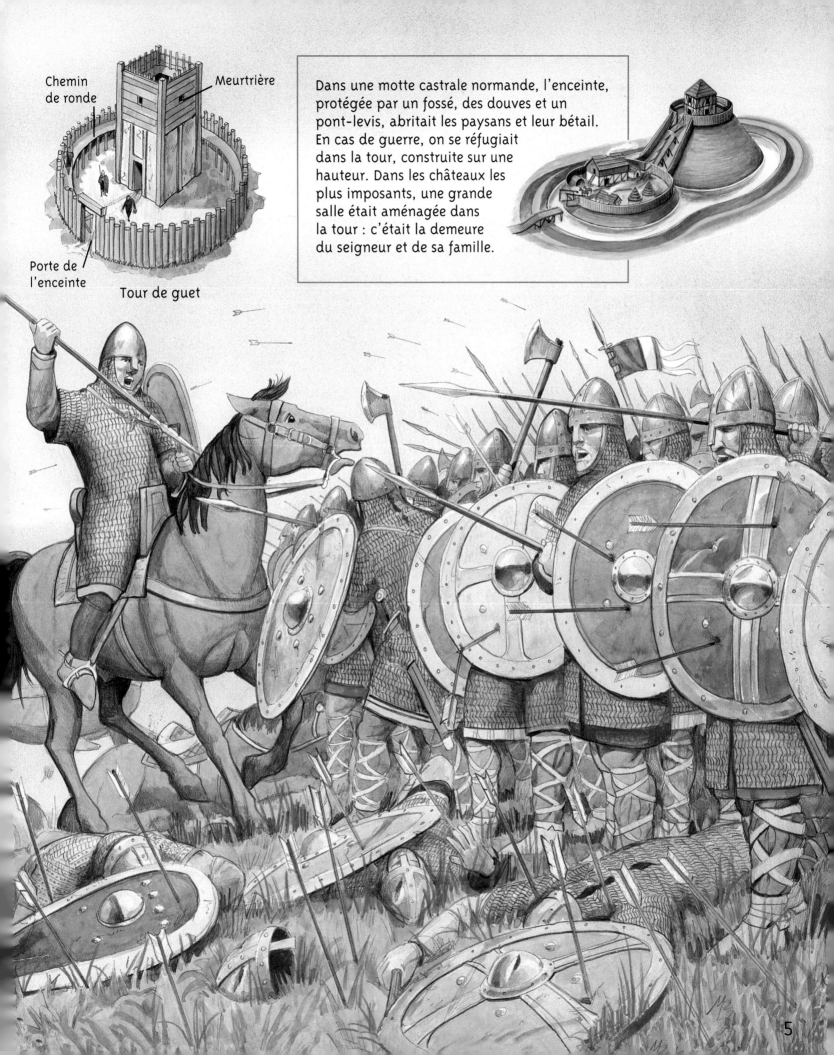

Chemin
de ronde

Meurtrière

Porte de
l'enceinte

Tour de guet

Dans une motte castrale normande, l'enceinte, protégée par un fossé, des douves et un pont-levis, abritait les paysans et leur bétail. En cas de guerre, on se réfugiait dans la tour, construite sur une hauteur. Dans les châteaux les plus imposants, une grande salle était aménagée dans la tour : c'était la demeure du seigneur et de sa famille.

Pourquoi la pierre a-t-elle remplacé le bois ?

Les châteaux en bois étaient facilement la proie des incendies. On construisit alors des châteaux en pierre plus résistants, qui servirent également de garnison aux chevaliers chargés de la protection du roi ou des nobles importants.

Le plus souvent, les escaliers en colimaçon étaient construits autour d'un pilier central situé à gauche lorsqu'on descendait l'escalier. Ainsi, les défenseurs disposaient d'un espace suffisant à leur droite pour manier leurs armes. Au contraire, les assaillants qui tentaient de gravir les marches pour accéder au sommet du château étaient gênés par le pilier. Les châteaux étaient bâtis de façon à protéger efficacement leurs habitants.

Qui construisait les châteaux et les cathédrales ?

Au début du Moyen Âge, peu d'hommes étaient capables de réaliser des constructions en pierre. L'un des plus célèbres s'appelait Gondulf. Originaire de Normandie, il suivit Guillaume le Conquérant en Angleterre. Il construisit la cathédrale et le château de Rochester dont il devint l'évêque, ainsi que la Tour Blanche de la Tour de Londres.

Ivry-la-Bataille est un château normand qui date du 10e ou du 11e siècle. Il a servi de modèle à de nombreux châteaux construits par la suite en Angleterre.

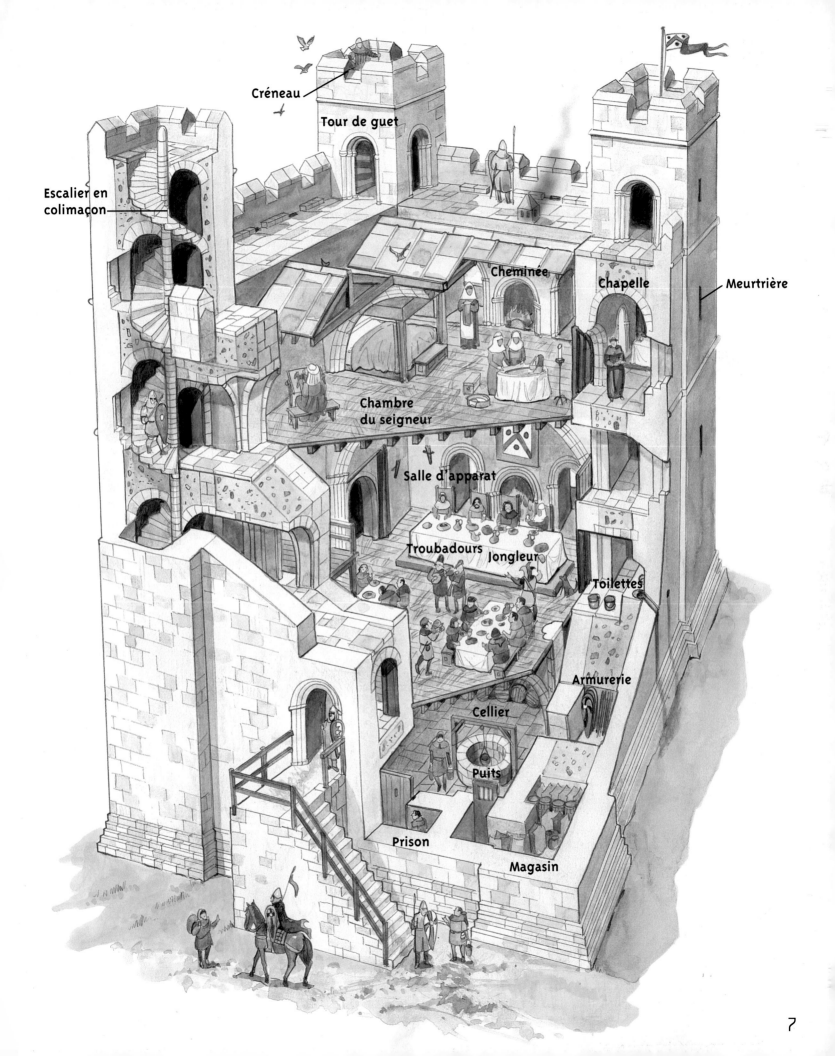

Créneau

Tour de guet

Escalier en
colimaçon

Cheminée

Chapelle

Meurtrière

Chambre
du seigneur

Salle d'apparat

Troubadours   Jongleur

Toilettes

Armurerie

Cellier

Puits

Prison

Magasin

Quels liens unissaient les vassaux à leur suzerain ?

Le roi (le suzerain), distribuait des terres à ses principaux chevaliers (les vassaux) et ceux-ci s'engageaient, en échange, à le servir à la guerre. Ces chevaliers étaient à leur tour les suzerains d'autres chevaliers qui vivaient le plus souvent dans le château de leur seigneur.

À quelles règles devaient obéir les chevaliers ?

Les chevaliers avaient un code d'honneur qui les obligeait à servir et à respecter les femmes de la noblesse.

Un chevalier devait porter les couleurs (un foulard) de sa dame pendant un tournoi. Pour les recevoir, il devait s'agenouiller devant elle.

Qu'est-ce qu'un chevalier ?

Le mot utilisé pour nommer les chevaliers était différent dans chaque pays. Mais ces noms divers désignaient tous un guerrier qui combat à cheval.

Il existait plusieurs catégories de paysans : les serfs étaient attachés au domaine du seigneur, tandis que les vilains étaient des paysans libres.

Le roi distribuait des terres
aux évêques et aux abbés,
qui devenaient donc aussi
puissants que les nobles.
Les membres du clergé étaient
souvent les seuls à
savoir lire et écrire.

Hommes, femmes et
enfants participaient
aux travaux des
champs.

En échange du travail gratuit
(les corvées) qu'ils accomplissaient
sur les terres du seigneur,
les paysans étaient autorisés
à cultiver pour eux-mêmes leur
propre lopin de terre.

9

À quel âge devenait-on chevalier ?

Un garçon devait franchir trois étapes pour devenir chevalier. Vers l'âge de 7 ans, il entrait au service d'un noble comme page. Il y apprenait les règles de la vie au château. À partir de 14 ans, il devenait écuyer au service d'un chevalier et apprenait les techniques de combat. Enfin, l'écuyer devenait chevalier vers 21 ans au cours de la cérémonie de l'adoubement. Le roi ou un chevalier posait son épée sur les épaules et la tête du jeune écuyer.

Quel type d'éducation le page recevait-il ?

Un page devait apprendre à manier les armes. Pour éviter de se blesser, les leçons se faisaient avec une épée en bois. Le page apprenait aussi le latin avec le chapelain du château.

Avant de pouvoir monter un vrai cheval, le jeune page apprenait sur un cheval de bois. Les accidents étaient moins graves et l'on ne prenait pas le risque de blesser le cheval, qui coûtait très cher.

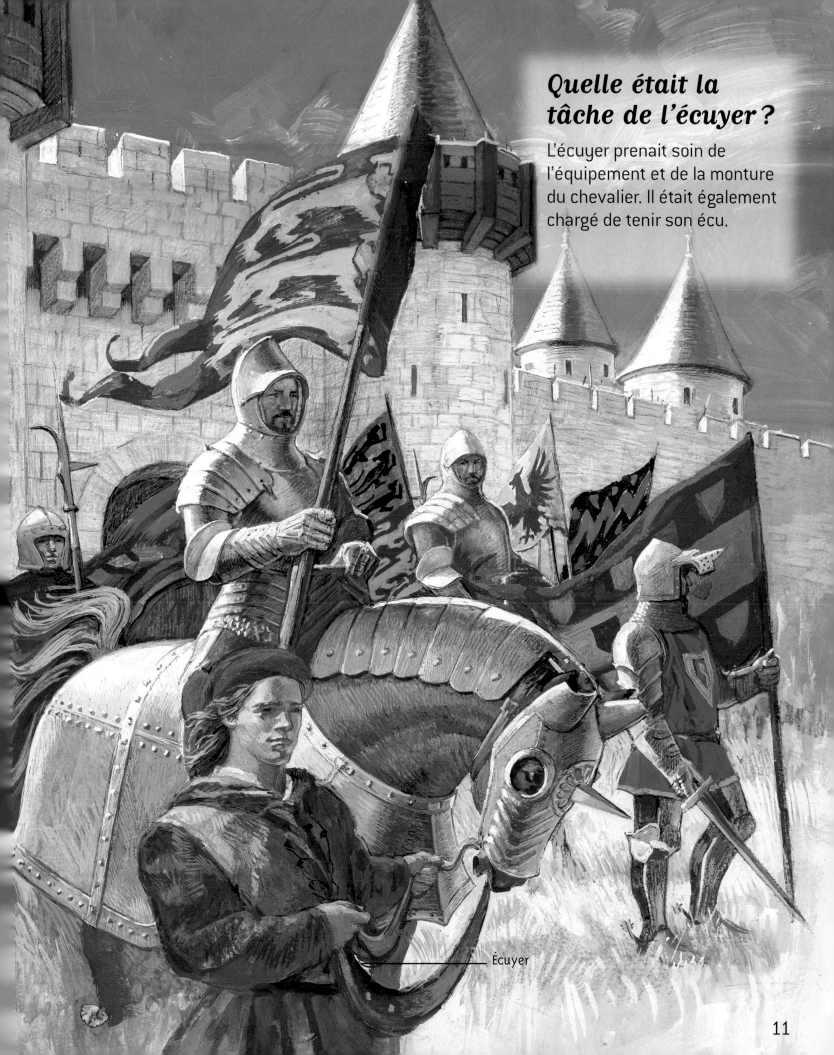

Quelle était la tâche de l'écuyer ?

L'écuyer prenait soin de l'équipement et de la monture du chevalier. Il était également chargé de tenir son écu.

Écuyer

Comment le chevalier était-il équipé ?

En plus de ses armes et de son bouclier, le chevalier était équipé d'une armure de protection qui connut de nombreuses évolutions au cours du Moyen Âge. Constituée au départ d'une simple cotte de mailles, elle devint ensuite un ensemble de pièces de métal qui protégeaient tout le corps. Plus sûre, elle coûtait aussi beaucoup plus cher et était très longue à mettre.

Baudrier

Sangles

Face interne du bouclier

Le bouclier était en bois. D'abord aussi grand que le chevalier, il devint plus petit au fur et à mesure que l'armure se perfectionna.

On enlevait la rouille de sa cotte de mailles en la frottant avec du sable.

La cotte de mailles était constituée d'anneaux de fer entrecroisés.

Un vêtement fait d'anneaux de fer ?

La cotte de mailles se composait de centaines de petits anneaux de fer. En dessous, les chevaliers portaient une chemise épaisse qui les protégeait et empêchait la cotte d'être en contact direct avec la peau.

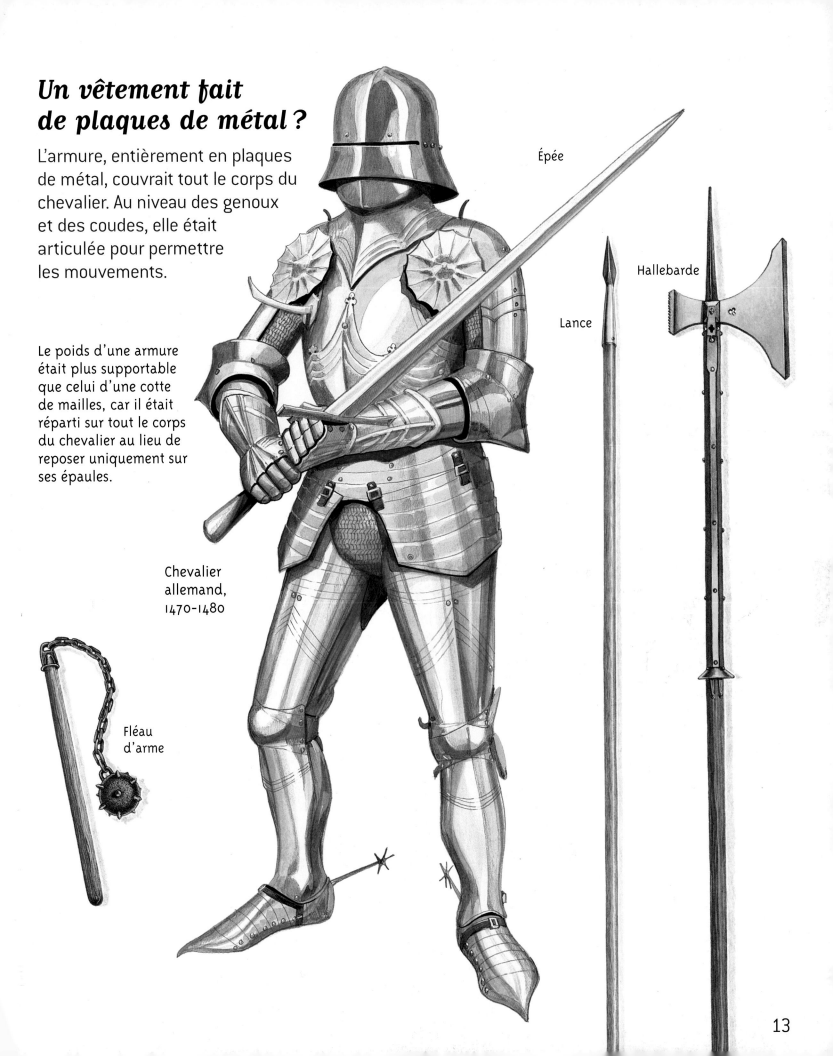

Un vêtement fait de plaques de métal ?

L'armure, entièrement en plaques de métal, couvrait tout le corps du chevalier. Au niveau des genoux et des coudes, elle était articulée pour permettre les mouvements.

Le poids d'une armure était plus supportable que celui d'une cotte de mailles, car il était réparti sur tout le corps du chevalier au lieu de reposer uniquement sur ses épaules.

Épée

Hallebarde

Lance

Chevalier allemand, 1470-1480

Fléau d'arme

À quoi servent blasons et armoiries ?

Lorsque les chevaliers portaient leur armure et leur heaume (casque), il était difficile de les reconnaître. On dessina alors des symboles (les « armes ») sur le casque, la tunique et le bouclier. Aujourd'hui encore, les familles nobles, les villes et certaines corporations possèdent leurs propres « armes » ou « armoiries ».

Ce blason appartient à la ville de Lancaster, en Angleterre. La devise, « Chanceux comme la Loyne », évoque la rivière dont la ville tire son nom.

Pourquoi les chevaliers portaient-ils des plumes ?

Dans les tournois, les chevaliers arboraient de superbes heaumes qui couvraient toute la tête et n'étaient percés que d'une visière et de trous pour la respiration. Afin d'être reconnus, ils ajoutaient un panache de plumes, des têtes d'animaux ou des cornes sur le sommet de leur heaume.

Les animaux mythologiques étaient couramment utilisés dans les blasons. La licorne, par exemple, est un symbole de pureté et de vertu.

Pourquoi décorait-on les arbres avec des écus ?

Au cours des tournois, les hérauts (des messagers chargés d'annoncer le début des combats) suspendaient les écus des chevaliers à un arbre afin que tout le monde puisse connaître l'identité des participants.

À quoi servaient les tournois ?

Les chevaliers s'affrontaient dans des tournois à plusieurs épreuves comme les joutes par exemple. Ces épreuves servaient à montrer la bravoure et l'adresse des chevaliers dans le maniement du cheval, de la lance et de l'épée.

Quelles sont les règles des joutes ?

Dans une joute, deux chevaliers à cheval s'affrontent à la lance. On gagne des points si l'on arrache le bouclier de l'adversaire ; on en perd si l'on brise sa propre lance.

Le panache servait à reconnaître le chevalier.

Une encoche dans le bouclier permettait de maintenir la lance.

La joute était remportée par le premier des deux chevaliers qui désarçonnait l'adversaire.

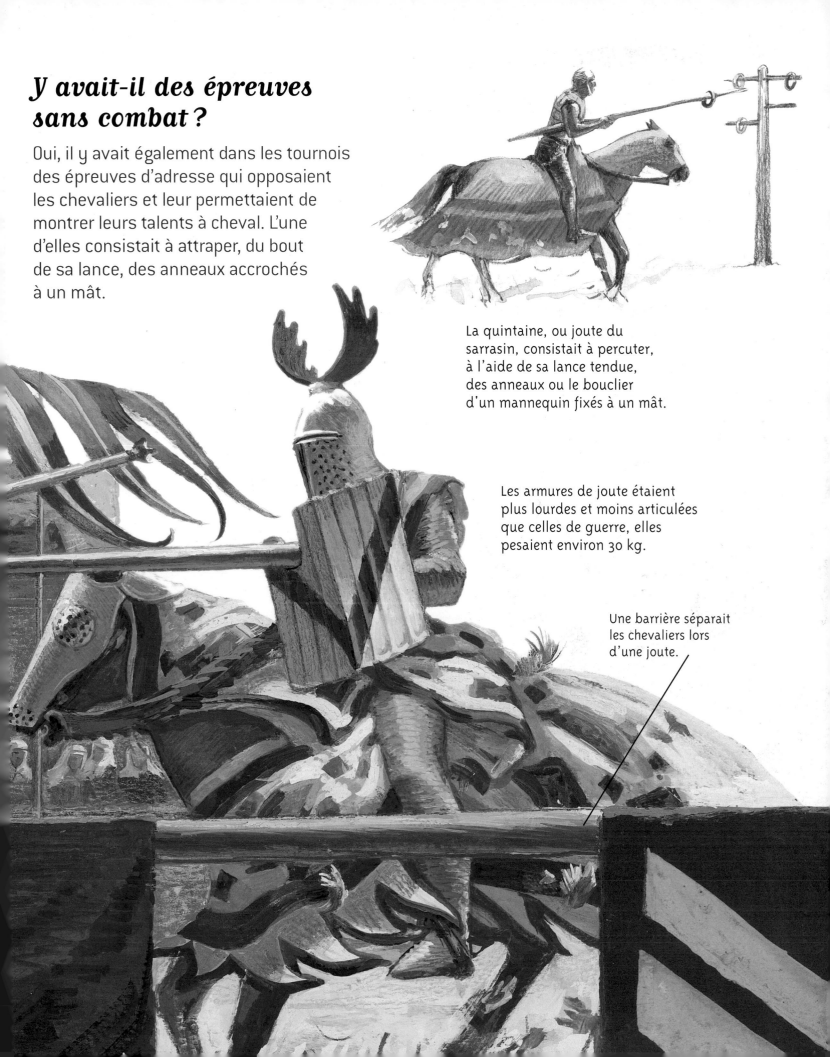

Y avait-il des épreuves sans combat ?

Oui, il y avait également dans les tournois des épreuves d'adresse qui opposaient les chevaliers et leur permettaient de montrer leurs talents à cheval. L'une d'elles consistait à attraper, du bout de sa lance, des anneaux accrochés à un mât.

La quintaine, ou joute du sarrasin, consistait à percuter, à l'aide de sa lance tendue, des anneaux ou le bouclier d'un mannequin fixés à un mât.

Les armures de joute étaient plus lourdes et moins articulées que celles de guerre, elles pesaient environ 30 kg.

Une barrière séparait les chevaliers lors d'une joute.

Comment ont commencé les croisades ?

Jérusalem était une ville sainte à la fois pour les musulmans, les chrétiens et les juifs. Quand la ville fut prise par les musulmans, ceux-ci autorisèrent les chrétiens à y venir en paix. Mais lorsqu'une nouvelle dynastie musulmane, les Seldjoukides, s'empara du pouvoir, les chrétiens furent persécutés et le pape, en réponse, déclencha la croisade (la guerre sainte). S'ensuivirent des siècles de violence qui embrasèrent tout le Moyen-Orient.

Les rois de France et d'Angleterre, tout comme l'empereur d'Allemagne, conduisirent des croisades. Mais il y eut aussi des croisades de pauvres et de très jeunes pèlerins.

En 1099, les chrétiens reprirent Jérusalem. Leur domination sur la Terre sainte dura presque un siècle. En 1187, Saladin, qui venait de conquérir l'Égypte, la Syrie et la Mésopotamie, s'empara de Jérusalem. Juifs et chrétiens en furent chassés : les plus riches durent payer une rançon pour leur liberté, tandis que les pauvres furent réduits en esclavage.

Les Sarrasins, comme les chevaliers chrétiens, combattaient à cheval.

Qu'est-ce que le krak des Chevaliers ?

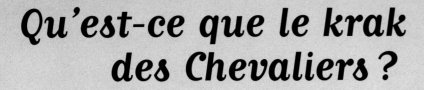

Après s'être emparés de la Terre sainte, les chrétiens édifièrent des forteresses, appelées kraks, pour servir de garnisons, défendre les routes et protéger les frontières. Parmi elles, le krak des Chevaliers, en Syrie, était défendu par les chevaliers de l'ordre des Hospitaliers de Saint-Jean-de-Jérusalem.

Tour de guet

Salle des officiers

Aqueduc

Réservoir d'eau

Comment est-il tombé entre les mains de l'ennemi ?

Les chevaliers de l'ordre des Hospitaliers de Saint-Jean occupèrent le krak des Chevaliers de 1142 à 1271. Ils en furent chassés par le sultan Baybars, qui s'empara de la forteresse grâce à une ruse. Il envoya aux chevaliers assiégés une fausse lettre du Grand Maître de leur ordre, qui leur commandait de se rendre.

Cour intérieure

Salle d'honneur

Galerie couverte

A-t-il résisté longtemps ?

Le krak des Chevaliers pouvait abriter jusqu'à 2 000 chevaliers et contenait assez de réserves pour nourrir la garnison pendant cinq ans. Le château résista à une douzaine de sièges avant de tomber entre les mains de Baybars.

Pouvait-on être à la fois moine et soldat ?

Oui. Parmi les chevaliers installés en Terre sainte, certains formèrent des ordres religieux et militaires. Ils respectaient les mêmes règles que les ordres monastiques et étaient aussi des combattants aguerris. Les chevaliers de l'ordre du Temple, ou Templiers, se plaçaient à l'avant-garde lors des attaques et à l'arrière-garde lors des retraites.

Quelle était la mission des moines soldats ?

Les moines soldats comme les chevaliers du Temple avaient pour vocation de protéger les pèlerins qui venaient d'Europe pour prier en Terre sainte. Ils portaient une robe blanche en lin décorée d'une croix rouge.

L'ordre des chevaliers Teutoniques avait été créé comme ordre hospitalier en Terre sainte. Recrutant exclusivement parmi la noblesse allemande, il colonisa ensuite des territoires en Pologne et jusqu'en Russie.

Les chevaliers de l'odre des Hospitaliers de Saint-Jean soignaient les malades. Ils possédaient aussi des navires pour le commerce de la soie et des épices entre le Moyen-Orient et l'Europe.

Comment s'emparait-on d'un château fort ?

Certains châteaux forts étaient si puissants et si bien défendus que la seule façon de les prendre était de les assiéger pendant de longs mois. Les assaillants construisaient des machines de guerre pour encercler le château et obliger ses défenseurs à se rendre.

Quelles machines utilisait-on lors des sièges ?

Il existait de nombreuses machines de guerre. Les trébuchets et les balistes catapultaient de gros blocs de pierre par-dessus les murailles. Les tours de siège amenaient les soldats sur les remparts, tandis que les sapeurs minaient les fortifications.

Trébuchet

Siège de Château-Gaillard,
en Normandie, en 1204

Tour de
siège

Sapeurs

Bélier

Baliste

25

Pourquoi les chevaliers ont-ils disparu ?

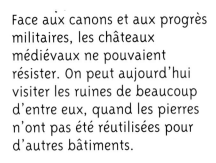

L'importance des chevaliers déclina à la fin du Moyen Âge. Les progrès techniques de la guerre et des armes ainsi que l'évolution des rapports diplomatiques entre les États en sont à l'origine. Aujourd'hui, le titre de chevalier est toujours attribué comme distinction particulière dans certains pays, mais il ne désigne plus un soldat chargé de protéger son pays.

La poudre a-t-elle tué les chevaliers ?

Le déclin de la chevalerie coïncida avec l'invention de la poudre et des armes à feu au 14e siècle, qui devinrent d'un usage courant dans les armées au 15e siècle. L'armure la plus épaisse ne pouvait résister à un boulet de canon. Les chevaliers furent peu à peu remplacés par des soldats professionnels, disponibles à tout moment et bien entraînés.

Face aux canons et aux progrès militaires, les châteaux médiévaux ne pouvaient résister. On peut aujourd'hui visiter les ruines de beaucoup d'entre eux, quand les pierres n'ont pas été réutilisées pour d'autres bâtiments.

Que sont devenus les châteaux forts ?

Au fil des siècles, la plupart des châteaux forts ont perdu leurs fortifications car la puissance des canons a rendu inutiles les gros murs de pierre défensifs. Leurs propriétaires les ont modifiés et embellis en fonction de leurs goûts et de leurs besoins, si bien que ces châteaux ne ressemblent guère à ce qu'ils étaient à l'origine.

Reconstruit au 14ᵉ siècle sur l'emplacement d'un ancien fort, le château de Saumur, situé sur les rives de la Loire, abrite un musée d'art médiéval.

Quel trésor renferme la Tour de Londres ?

Depuis sa construction, la Tour de Londres a servi de résidence royale, de prison, d'arsenal et de trésorerie. Aujourd'hui, elle est devenue un musée qui abrite les bijoux de la famille royale d'Angleterre. C'est l'un des monuments les plus visités du pays.

Un gardien, appelé Beefeater, raconte l'histoire de la Tour de Londres aux visiteurs.

D'où viennent nos connaissances sur le Moyen Âge ?

De nombreux objets permettent aux archéologues de reconstituer la vie des chevaliers dans les châteaux du Moyen Âge. Des objets de la vie courante ont été conservés. Des récits, lettres et poèmes témoignent de la façon de penser et des goûts de cette époque. Enfin, la découverte de nombreuses tombes nous renseigne sur les habits et les armures.

Lorsque les archéologues font une découverte, ils creusent le sol plus profond à la recherche des traces d'une époque encore plus ancienne.

Glossaire

Aqueduc Construction destinée à acheminer l'eau depuis un lac ou une rivière.

Archer Soldat qui combat avec un arc et des flèches.

Armoiries Signes distinctifs d'une famille ou d'une ville, parfois complétés par une devise.

Armurerie Pièce où l'on stockait les armes et les munitions.

Bélier Grosse pièce de bois, de métal ou de pierre que les assaillants projetaient violemment contre la porte d'un château pour l'ouvrir de force.

Bombarde Longue pièce de métal servant à tirer des boulets.

Catapulte Machine de guerre qui projette à distance de gros blocs de pierre.

Chapelain Prêtre qui assure le service religieux dans la chapelle privée d'un seigneur.

Couleurs Désignait le foulard ou l'écharpe qu'une noble dame donnait à porter à un chevalier en gage de loyauté envers elle.

Garnison Groupe de soldats qui défendent un château ou une ville. Le mot désigne aussi le bâtiment dans lequel ils vivent.

Hallebarde Arme constituée d'un long manche surmonté d'une pique et d'une lame tranchante.

Héraut Officier chargé de porter les déclarations de guerre, d'organiser les cérémonies et les jeux, de surveiller les blasons.

Masse d'arme Arme composée d'un manche en bois et d'une cognée en métal, parfois crénelée.
(Voir dessin en haut).

Médiéval Relatif au Moyen Âge.

Meurtrière Fente aménagée dans la muraille d'un château pour permettre aux archers de décocher leurs flèches.

Moyen Âge Période de l'histoire européenne comprise entre le 10e et le 15e siècle.

Salle d'honneur Grande salle d'un château dans laquelle les seigneurs tenaient conseil, mangeaient et dormaient.

Tour de siège Tour en bois munie d'un pont-levis, chargée d'amener les soldats jusqu'aux remparts ennemis.
(Voir dessin en bas).

Trébuchet Genre de catapulte formée d'un long bras articulé et servant à envoyer des projectiles par-dessus les remparts d'un château.

Troubadour Poète chantant ses œuvres pour distraire les familles nobles.

Index